Paul Schulte-Herrmann (Hrsg.)

# Weihnachtsgedichte

AF272999

## Weihnachtslyrik

Sie lieben die Weihnachtszeit? – Hier präsentiert sie sich in poetischen Versen: „Es treibt der Wind im Winterwalde ..."; „Von guten Mächten treu und still umgeben ..."; „Markt und Straßen stehn verlassen ..."; „Bäume leuchtend, Bäume blendend ..."; „Es gibt so wunderweiße Nächte ...".

Die Anthologie versammelt kleine und große Kunstwerke u.a. von Arndt, Bonhoeffer, Claudius, Droste-Hülshoff, Eichendorff, Fallersleben, Fontane, Geibel, Goethe, Hebbel, Hesse, Mörike, Rilke, Ringelnatz, Scheffler und Storm.

Lesen Sie vertraute und entdecken Sie neue Lieblingsgedichte zum Genießen, Nachsinnen und Weiterdichten.

## Der Herausgeber

In der vorliegenden Anthologie hat der Literatur- und Sprachwissenschaftler Paul Schulte-Herrmann – erfahrener Lektor, Herausgeber und Liebhaber der Poesie – ausgesuchte Gedichte für Sie zusammengestellt.

Die Rechtschreibung wurde nur gelegentlich behutsam an die aktuellen Regeln angepasst.

Paul Schulte-Herrmann (Hrsg.)

# Weihnachtsgedichte

Lyrik für besinnliche Tage

Anthologie

Bibliografische Information der Deutschen Nationalbibliothek: Die Deutsche Nationalbibliothek verzeichnet diese Publikation in der Deutschen Nationalbibliografie; detaillierte bibliografische Daten sind im Internet über dnb.dnb.de abrufbar.

Herstellung und Verlag: BoD – Books on Demand, Norderstedt
ISBN: 978-3-7568-1309-4

Der Abend kommt von weit gegangen
Durch den verschneiten, leisen Tann.
Dann presst er seine Winterwangen
An alle Fenster lauschend an.

Rainer Maria Rilke

# Der Weihnachtsbaum

Steht er da der Weihnachtsbaum
Wie ein bunter goldner Traum,
Spiegelt Unschuldkinderglück,
All sein Paradies zurück.

Und wir schau'n und denken dann,
Wie uns heut das Heil begann,
Wie das Kindlein Jesus Christ
Heut zur Welt geboren ist;

Wie das Kind von Himmelsart
Lag auf Stroh und Halmen hart,
Wie der Menschheit Hort und Trost
Erdenelend hat erlost.

Also steh'n und schauen wir
Gottes Lust und Gnade hier:
Was uns in dem Kindlein zart
Alles heut geboren ward.

Blüh' denn, leuchte, goldner Baum,
Erdentraum und Himmelstraum,
Blüh' und leucht' in Ewigkeit
Durch die arme Zeitlichkeit!

Sei uns Bild und sei uns Schein,
Dass wir sollen fröhlich sein,
Fröhlich durch den süßen Christ,
Der des Lebens Leuchte ist.

Sei uns Bild und sei uns Schein,
Dass wir sollen tapfer sein
Auf des Lebens Pilgerbahn,
Kämpfend gegen Lug und Wahn.

Sei uns Bild und sei uns Schein,
Dass wir sollen heilig sein,
Rein wie Licht und himmelklar,
Wie das Kindlein Jesus war.

*Ernst Moritz Arndt*

# Der amen Kinder Weihnachtslied

Hört, schöne Herrn und Frauen,
Die ihr im Lichte seid:
Wir kommen aus dem Grauen,
Dem Lande Not und Leid;
Weh tun uns unsre Füße
Und unsre Herzen weh,
Doch kam uns eine süße
Botschaft aus Eis und Schnee.
Es ist ein Licht erglommen,
Und uns auch gilt sein Schein.
Wir habens wohl vernommen:
Das Christkind ist gekommen
Und soll auch uns gekommen sein.

Drum gehn wir zu den Orten,
Die hell erleuchtet sind,
Und klopfen an die Pforten:
Ist hier das Christuskind?
Es hat wohl nicht gefunden
Den Weg in unsre Nacht,
Drum haben wir mit wunden
Füßen uns aufgemacht,
Dass wir ihm unsre frommen
Herzen und Bitten weihn.
Wir habens wohl vernommen:

Das Christkind ist gekommen
Und soll auch uns gekommen sein.

So lasst es uns erschauen,
Die ihr im Lichte seid!
Wir kommen aus dem Grauen,
Dem Lande Not und Leid;
Wir kommen mit wunden Füßen,
Doch sind wir trostgemut:
Wenn wir das Christkind grüßen,
Wird alles, alles gut.
Der Stern, der heut erglommen,
Gibt allen seinen Schein:
Das Christkind ist gekommen! –
Die ihr es aufgenommen,
O, lasst auch uns zu Gaste sein!


*Otto Julius Bierbaum*

# Von guten Mächten wunderbar geborgen

Von guten Mächten treu und still umgeben,
behütet und getröstet wunderbar,
so will ich diese Tage mit euch leben
und mit euch gehen in ein neues Jahr.

Noch will das alte unsre Herzen quälen,
noch drückt uns böser Tage schwere Last.
Ach Herr, gib unsern aufgeschreckten Seelen
das Heil, für das du uns geschaffen hast.

Und reichst du uns den schweren Kelch, den bittern
des Leids, gefüllt bis an den höchsten Rand,
so nehmen wir ihn dankbar ohne Zittern
aus deiner guten und geliebten Hand.

Doch willst du uns noch einmal Freude schenken
an dieser Welt und ihrer Sonne Glanz,
dann wolln wir des Vergangenen gedenken,
und dann gehört dir unser Leben ganz.

Lass warm und hell die Kerzen heute flammen,
die du in unsre Dunkelheit gebracht,
führ, wenn es sein kann, wieder uns zusammen.
Wir wissen es, dein Licht scheint in der Nacht.

Wenn sich die Stille nun tief um uns breitet,
so lass uns hören jenen vollen Klang
der Welt, die unsichtbar sich um uns weitet,
all deiner Kinder hohen Lobgesang.

Von guten Mächten wunderbar geborgen,
erwarten wir getrost, was kommen mag.
Gott ist bei uns am Abend und am Morgen
und ganz gewiss an jedem neuen Tag.

*Dietrich Bonhoeffer*

# Lied im Advent

Immer ein Lichtlein mehr
im Kranz, den wir gewunden,
dass er leuchte uns sehr
durch die dunklen Stunden.

Zwei und drei und dann vier!
Rund um den Kranz welch ein Schimmer,
und so leuchten auch wir,
und so leuchtet das Zimmer.

Und so leuchtet die Welt
langsam der Weihnacht entgegen.
Und der in Händen sie hält,
weiß um den Segen!

*Matthias Claudius*

# Christbaum

Wie schön geschmückt der festliche Raum!
Die Lichter funkeln am Weihnachtsbaum!
O fröhliche Zeit! O seliger Traum!

Die Mutter sitzt in der Kinder Kreis;
nun schweiget alles auf ihr Geheiß:
sie singet des Christkinds Lob und Preis.

Und rings, vom Weihnachtsbaum erhellt,
ist schön in Bildern aufgestellt
des heiligen Buches Palmenwelt.

Die Kinder schauen der Bilder Pracht,
und haben wohl des Singens Acht,
das tönt so süß in der Weihenacht!

O glücklicher Kreis im festlichen Raum!
O goldne Lichter am Weihnachtsbaum!
O fröhliche Zeit! O seliger Traum!

*Peter Cornelius*

## Am zweiten Sonntage im Advent

Wo bleibst du, Wolke, die den Menschensohn
Soll tragen?
Seh ich das Morgenrot im Osten schon
Nicht leise ragen?
Die Dunkel steigen, die Zeit rollt matt und gleich.
Ich seh es flimmern, aber bleich ach, bleich!

Mein eignes Sinnen ist es was da quillt
Entzündet,
Wie aus dem Teiche grün und schlammerfüllt
Sich wohl entbindet
Ein Flämmchen und vom Schilfgestöhn umwankt
Unsicher in dem grauen Dunste schwankt.

So muss die allerkühnste Phantasie
Ermatten;
So in der Mondesscheibe sah ich nie
Des Berges Schatten
Gewiss, ob ein Koloss die Formen zog,
Ob eine Träne mich im Auge trog.

So ragt und wälzt sich in der Zukunft Reich
Ein Schemen.
Mein Sinnen sonder Kraft, Gedanke bleich –
Wer will mir nehmen

Das Hoffen, was ich in des Herzens Schrein
Gehegt als meiner Armut Edelstein?

Gib dich gefangen, törichter Verstand!
Steig nieder
Und zünde an des Glaubens reinem Brand
Dein Döchtlein wieder!
Die arme Lampe, deren matter Hauch
Verdumpft, erstickt in eignen Qualmes Rauch.

Du seltsam rätselhaft Geschöpf aus Ton
Mit Kräften,
Die leben, wühlen, zischen wie zum Hohn
In allen Säften,
O bade deinen wüsten Fiebertraum
Im einz'gen Quell, der ohne Schlamm und Schaum!

Wehr ab, stoß fort, was gleich dem frechen Feind
Dir sendet
Die Macht, so wetterleuchtet und verneint;
Und starr gewendet
Wie zum Polarstern halt das eine fest,
Sein Wort, sein heilig Wort – und Schach dem Rest!

Dann wirst du auf der Wolke deinen Herrn
Erkennen,
Dann sind Jahrtausende nicht kalt und fern,
Und zitternd nennen

Darfst du der Worte Wort, des Lebens Mark,
Wenn dem Geheimnis deine Seele stark.

Und heute schon, es steht in Gottes Hand,
Erschauen
Magst du den Heiland in der Seele Brand,
Glühndem Vertrauen.
Zerfallen mögen Erd und Himmels Höhn,
Doch seine Worte werden nicht vergehn.

*Annette von Droste-Hülshoff*

# Am dritten Sonntage im Advent

Auf keinen andern wart' ich mehr,
Wer soll noch Liebres kommen mir?
Wer soll so mild und doch so hehr
Mir treten an des Herzens Tür?
Wer durch des Fiebers Qual und Brennen
So liebreich meinen Namen nennen,
Ein Balsamträufeln für und für?

Du wusstest es von Ewigkeit,
Dass der Gedanken Übermaß,
Dem Sinn entzogne Herrlichkeit,
Zersprengen müsst' mein Hirn wie Glas;
So kamst du niedrig unsersgleichen,
Wie zu der Armut Fromme schleichen,
Sich setzend wo der Bettler saß.

Wenn fast zum Schwindeln mich gebracht
Der wirbelnden Betrachtung Kreis,
Dann trittst du aus der Dünste Nacht
Und deine Stimme flüstert leis:
Hier bin ich, bin ich, woll' mich fassen,
Dann magst du alles andre lassen;
Auf meinem Kreuze hegt der Preis.

O Stimme, immer mir bekannt,
O Wort, das stets verständlich mir,
Du legst mir auf der Liebe Band
Und meine Schritte folgen dir!
In Liebe glaub' ich, liebewund
Schieb' ich des Herzens Tür auf, und
Geschlossen ist des Grübelns Tür,

Gehemmt die Jagd, durch scharfen Stein
Und Dornen hetzend meinen Fuß;
Ich ruh' in deinem kühlen Hain
Und lausche deinem sanften Gruß.
Die Blinden sehn, die Kalten glühen
Und aus des Irren Haupte ziehen
Der dumpfen Schatten Menge muss.

Ich folge dir zu Berges Höhn,
Wo Leben von den Lippen fließt,
Und deine Tränen darf ich sehn,
O tausendmal mit Heil gegrüßt,
Muss in Gethsemane erzittern,
Dass Schrecken Gottes Leib erschüttern,
Blutschweiße Gottes Stirn vergießt.

Er hat gehorsam bis zum Tod,
Ja zu des Todes eitlem Graus,
Gekostet jede Menschennot
Und trank den vollen Becher aus.

So richte dich aus Dorn und Höhle,
Du meine angstgeknickte Seele,
Auch du nur trägst ein irdisch Haus.

Lass wanken denn die Trümmer grau
Und mische deine Tränen nur
Mit deines Heilands blut'gem Tau,
Gequälter Sklave der Natur!
O, dessen Schweiß den Grund gerötet,
Er weiß es, wie ein Seufzer betet,
Mein Jesu, meine Hoffnungsau!

*Annette von Droste-Hülshoff*

# Weihnachten

Markt und Straßen stehn verlassen,
Still erleuchtet jedes Haus,
Sinnend geh ich durch die Gassen,
Alles sieht so festlich aus.

An den Fenstern haben Frauen
Buntes Spielzeug fromm geschmückt,
Tausend Kindlein stehn und schauen,
Sind so wunderstill beglückt.

Und ich wandre aus den Mauern
Bis hinaus ins freie Feld,
Hehres Glänzen, heil'ges Schauern!
Wie so weit und still die Welt!

Sterne hoch die Kreise schlingen,
Aus des Schnees Einsamkeit
Steigt's wie wunderbares Singen –
O du gnadenreiche Zeit!

*Joseph von Eichendorff*

# Weihnachten

Zwar ist das Jahr an Festen reich,
Doch ist kein Fest dem Feste gleich,
Worauf wir Kinder Jahr aus Jahr ein
Stets harren in süßer Lust und Pein.

O schöne, herrliche Weihnachtszeit,
Was bringst du Lust und Fröhlichkeit!
Wenn der heilige Christ in jedem Haus
Teilt seine lieben Gaben aus.

Und ist das Häuschen noch so klein,
So kommt der heilige Christ hinein,
Und Alle sind ihm lieb wie die Seinen,
Die Armen und Reichen, die Großen und Kleinen.

Der heilige Christ an Alle denkt,
Ein Jedes wird von ihm beschenkt.
Drum lasst uns freu'n und dankbar sein!
Er denkt auch unser, mein und dein.

*August Heinrich Hoffmann von Fallersleben*

# Verse zum Advent

Noch ist Herbst nicht ganz entflohn,
Aber als Knecht Ruprecht schon
Kommt der Winter hergeschritten,
Und alsbald aus Schnees Mitten
Klingt des Schlittenglöckleins Ton.

Und was jüngst noch, fern und nah,
Bunt auf uns herniedersah,
Weiß sind Türme, Dächer, Zweige,
Und das Jahr geht auf die Neige,
Und das schönste Fest ist da.

Tag du der Geburt des Herrn,
Heute bist du uns noch fern,
Aber Tannen, Engel, Fahnen
Lassen uns den Tag schon ahnen,
Und wir sehen schon den Stern.

*Theodor Fontane*

# Weihnacht

Wie bewegt mich wundersam
Euer Hall, ihr Weihnachtsglocken,
Die ihr kündet mit Frohlocken,
Dass zur Welt die Gnade kam.

Überm Hause schien der Stern,
Und in Lilien stand die Krippe,
Wo der Engel reine Lippe
Hosianna sang dem Herrn.

Herz, und was geschah vordem,
Dir zum Heil erneut sich's heute:
Dies gedämpfte Festgeläute
Ruft auch dich nach Bethlehem.

Mit den Hirten darfst du ziehn,
Mit den Königen aus Osten
Und in ihrer Schar getrosten
Muts vor deinem Heiland knien.

Hast du Gold nicht und Rubin,
Weihrauch nicht und Myrrhenblüte:
Schütt' aus innerstem Gemüte
Deine Sehnsucht vor ihm hin!

Sieh, die Händchen zart und lind
Streckt er aus, zum Born der Gnaden,
Die da Kinder sind, zu laden,
Komm! Und sei auch du ein Kind!

*Emanuel Geibel*

# Vor Weihnachten

Die Kindlein sitzen im Zimmer
– Weihnachten ist nicht mehr weit –
bei traulichem Lampenschimmer
und jubeln: Ës schneit, es schneit!"

Das leichte Flockengewimmel,
es schwebt durch die dämmernde Nacht
herunter vom hohen Himmel
vorüber am Fenster so sacht.

Und wo ein Flöckchen im Tanze
den Scheiben vorüberschweift,
da flimmert's in silbernem Glanze,
vom Lichte der Lampe bestreift.

Die Kindlein sehn's mit Frohlocken,
sie drängen ans Fenster sich dicht,
sie verfolgen die silbernen Flocken,
die Mutter lächelt und spricht:

"Wisst, Kinder, die Engelein schneidern
im Himmel jetzt früh und spät;
an Puppenbettchen und Kleidern
wird auf Weihnachten genäht.

Da fällt von Säckchen und Röckchen
manch silberner Flitter beiseit,
von Bettchen manch Federflöckchen;
auf Erden sagt man: es schneit.

Und seid ihr lieb und vernünftig,
ist manches für euch auch bestellt;
wer weiß, was Schönes euch künftig
vom Tische der Engelein fällt!"

Die Mutter spricht's; – vor Entzücken
den Kleinen das Herz da lacht;
sie träumen mit seligen Blicken
hinaus in die zaubrische Nacht.

*Karl Gerok*

# Herein

Das Glöcklein erklingt: Ihr Kinder, herein!
Kommt alle, die Türe ist offen!
Da stehn sie, geblendet vom goldigen Schein,
von Staunen und Freude betroffen.
Wie schimmert und flimmert von Lichtern der Baum!
Die Gaben zu greifen, sie wagen's noch kaum,
sie stehn wie verzaubert in seligem Traum. –
So nehmt nur mit fröhlichen Händen,
ihr Kleinen, die köstlichen Spenden!

Und mächtig ertönen die Glocken im Chor,
zum Hause des Herrn uns zu rufen:
Das Fest ist bereitet und offen das Tor,
heran zu den heiligen Stufen!
Und steht ihr geblendet vom himmlischen Licht,
und fasst ihr das Wunder, das göttliche, nicht:
Ergreift, was die ewige Liebe verspricht,
und lasst euch den seligen Glauben,
ihr Kinder des Höchsten, nicht rauben!

Und hat er die Kinder nun glücklich gemacht,
die großen so gut wie die kleinen,
dann wandert der Engel hinaus in die Nacht,
um anderen zum Gruß zu erscheinen.

Am Himmel, da funkeln die Sterne so klar,
auf Erden, da jubelt die fröhliche Schar. –
So tönen die Glocken von Jahr zu Jahr,
so klingt es und hallt es auch heute,
o seliges Weihnachtsgeläute!

*Karl Gerok*

# O heiliger Abend

O heiliger Abend,
mit Sternen besät,
wie lieblich und labend
dein Hauch mich umweht!

Vom Kindergetümmel,
vom Lichtergewimmel
auf schau ich zum Himmel
im leisen Gebet.

Da funkelt's von Sternen
am himmlischen Saum,
da jauchzt es vom fernen,
unendlichen Raum.

Es singen mit Schalle
die Engelein alle,
ich lausche dem Halle,
mir klingt's wie ein Traum.

O Erde, du kleine,
du dämmernder Stern,
dir gleichet doch keine
der Welten von fern!

So schmählich verloren,
so selig erkoren,
auf dir ist geboren
die Klarheit des Herrn!

*Karl Gerok*

# Bäume leuchtend

Bäume leuchtend, Bäume blendend,
Überall das Süße spendend.
In dem Glanze sich bewegend,
Alt und junges Herz erregend –
Solch ein Fest ist uns bescheret.
Mancher Gaben Schmuck verehret;
Staunend schaun wir auf und nieder,
Hin und Her und immer wieder.

Aber, Fürst, wenn dir's begegnet
Und ein Abend so dich segnet,
Dass als Lichter, dass als Flammen
Von dir glänzten all zusammen
Alles, was du ausgerichtet,
Alle, die sich dir verpflichtet:
Mit erhöhten Geistesblicken
Fühltest herrliches Entzücken.

*Johann Wolfgang von Goethe*

# Die Weihe der Nacht

Nächtliche Stille!
Heilige Fülle,
Wie von göttlichem Segen schwer,
Säuselt aus ewiger Ferne daher.

Was da lebte,
Was aus engem Kreise
Auf ins Weitste strebte,
Sanft und leise
Sank es in sich selbst zurück
Und quillt auf in unbewusstem Glück.

Und von allen Sternen nieder
Strömt ein wunderbarer Segen,
Dass die müden Kräfte wieder
Sich in neuer Frische regen,
Und aus seinen Finsternissen
Tritt der Herr, so weit er kann,
Und die Fäden, die zerrissen,
Knüpft er alle wieder an.

*Friedrich Hebbel*

# Weihnacht

Weihnacht, wunderbares Land,
Wo die grünen Tannen,
Sternenflimmernd rings entbrannt,
Jeden Pilger bannen!

Glücklich kindlicher Gesang
Schwebt um heilige Hügel,
Schwebt der Heimat Welt entlang,
Sehnsucht seine Flügel.

Friedestarken Geistes Macht
Sehnt sich, zu verbünden,
Über aller Niedertracht
Muss ein Licht sich zünden.

Lebens immergrüner Baum
Trägt der Liebe Krone –
Und ein milder Sternentraum
Küsst die starrste Zone.

Es klingt ein Lied aus alter Zeit
Wie Sternentraum so rein,
Von eines Kindleins Herrlichkeit
Und schlichter Hütte hellem Schein.

In eine Nacht von Wahn gebar,
Als sich die Zeit erfüllt,
Das Weib den Menschensohn, der klar
Den Widersinn der Welt enthüllt.

Sein Auge war so himmelstief,
Durchstrahlte Trug und List:
Der Lichtheld wuchs, sein Schicksal rief,
Am Kreuze hing der erste Christ.

Noch immer hängt der Mensch am Kreuz,
Noch immer jammern Fraun,
Dem Glockenklang des Weihgeläuts
Mischt sich des Wahnsinns Weh und Graun.

Der Geist, der stark mit Feuer tauft,
Wird immer noch geschmäht,
Noch wird verraten und verkauft,
Wer Saat der kühnen Liebe sät.

Noch sind so viele Augen blind,
Herrscht ungerecht Gericht –
Doch wieder ward die Wahrheit Kind,
Und langsam, langsam wächst ihr Licht.

Der Wanderer geht durch die weite Nacht,
Sein Sinn ist offen, sein Auge wacht.
Er lauscht in das schwangere Schweigen –

Die Sterne ziehen den Reigen.

Sie ziehen den Reigen vieltausend Jahr,
Die Welt ist dunkel, ihr Licht bleibt klar,
Sie sehen aus silbernen Höhen
Der Erde zuckende Wehen.

Der Wanderer horcht dem sausenden Sang
Frostblinkender Drähte meilenlang,
Sie singen von Sehnsucht und Hassen
Ringender Menschenmassen.

Sie singen von rastloser Forscher Mühn,
Von Geisterflammen, die läuternd glühn,
Von Krieg, Hosianna und Grausen
Heimlich sie singen und sausen.

Der Wanderer schaut ob Unglück und Glück
Auf seinen einsamen Pfad zurück.
Dann weilt auch der Hüter der Erde
Am nächsten feiernden Herde.

Er hebt ein Kindlein traut auf den Arm –
Wie wird der Atem der Welt ihm warm! –
Und rastet beim Lichterbaume,
Lächelnd wie tief im Traume ...

*Karl Henckell*

# Weihnachten

Ich sehn' mich so nach einem Land
der Ruhe und Geborgenheit
Ich glaub', ich hab's einmal gekannt,
als ich den Sternenhimmel weit
und klar vor meinen Augen sah,
unendlich großes Weltenall.

Und etwas dann mit mir geschah:
Ich ahnte, spürte auf einmal,
dass alles: Sterne, Berg und Tal,
ob ferne Länder, fremdes Volk,
sei es der Mond, sei's Sonnnenstrahl,
dass Regen, Schnee und jede Wolk,
dass all das in mir drin ich find,
verkleinert, einmalig und schön.

Ich muss gar nicht zu jedem hin,
ich spür das Schwingen, spür die Tön'
ein's jeden Dinges, nah und fern,
wenn ich mich öffne und werd' still
in Ehrfurcht vor dem großen Herrn,
der all dies schuf und halten will.

Ich glaube, das war der Moment,
den sicher jeder von euch kennt,
in dem der Mensch zur Lieb' bereit:
Ich glaub, da ist Weihnachten nicht weit!

*Hermann Hesse*

# Bereite dem Heiland ein Krippchen

Gegrüßt, du heiliger Advent,
Den jeder Christ willkommen nennt,
Der uns gemahnt an jenen großen Tag,
An dem sein Ave einst der Engel sprach,
Und an den größern nach, an dem,
Um zu erheben uns vom Falle,
Geboren ward im rauen Stalle,
Ein Kindlein einst in Bethlehem.

Das liebe Kind – es will auf Erden
Noch immer gern geboren werden:
Im Menschenherzen, fromm und rein,
Da kehrt es gern für immer ein.
Doch willst du fest es darin halten,
Darf deine Liebe nicht erkalten;
Ein Krippchen musst du ihm bereiten,
Drin gern es weilt für alle Zeiten.

Hinein musst du vor allen Dingen
Als schlichtes Stroh – die Demut bringen,
Als Bettchen – Dank für Gottes Huld,
Als Kissen – Sanftmut und Geduld,
So wird das Krippchen wohl gelingen.

Als Leinen nimmst du Reinigkeit
Und Wahrheit und Gerechtigkeit,
Als Decke festes Gottvertrauen.

Und um das Krippchen recht zu schmücken,
Musst du die schönsten Blumen pflücken,
Die an dem Fuß des Kreuzes blühn,
Gehorsam, Liebe, die verzeiht,
Wohltun, Gebet, Enthaltsamkeit,
Um alle musst du dich bemühn.
Dann aber darfst du darauf bauen,
Dass sicher auch das liebe Kind
In deinem Krippchen gern verweilet
Und mit den Händchen, sanft und lind,
Des Herzens tiefste Wunde heilet.
Drum wohl dem, welcher frisch beginnt,
Wär's ihm zuerst auch unbequem,
Er hat ja alles, wer gewinnt
Das süße Kind von Bethlehem!

*Adolph Kolping*

# November

Still träumen alle Gassen,
die Tage schnell entfliehn,
die Gärten stehn verlassen,
und langsam nur die blassen
Novembernebel ziehn.

Die trauten Bronnen schweigen,
längst schwand ihr Plätscherspiel.
Nur die Kastanien neigen
sich mit entlaubten Zweigen
zur Erde, feucht und kühl.

Gleich einem müden Greise,
fern über Stadt und Land,
summt fromme Orgelweise
der alte Kirchturm leise,
Adventzeit-zugewandt.

*Richard O. Koppin*

# Es ist Advent

Die Blumen sind verblüht im Tal, die Vöglein heimgezogen;
Der Himmel schwebt so grau und fahl, es brausen kalte
Wogen.
Und doch nicht Leid im Herzen brennt: Es ist Advent!

Es zieht ein Hoffen durch die Welt, ein starkes, frohes
Hoffen;
Das schließet auf der Armen Zelt und macht Paläste offen;
Das kleinste Kind die Ursach kennt: Es ist Advent!

Advent, Advent, du Lerchensang von Weihnachts
Frühlingstunde!
Advent, Advent, du Glockenklang vom neuen
Gnadenbunde!
Du Morgenstrahl von Gott gesendt! Es ist Advent!

*Friedrich Wilhelm Kritzinger*

# Die heilige Nacht

Gesegnet sei die heilige Nacht,
die uns das Licht der Welt gebracht! –
Wohl unterm lieben Himmelszelt
die Hirten lagen auf dem Feld.
Ein Engel Gottes, licht und klar,
mit seinem Gruß tritt auf sie dar.
Vor Angst sie decken ihr Angesicht,
da spricht der Engel: „Fürcht' euch nicht!"
„Ich verkünd euch große Freud:
Der Heiland ist geboren heut."

Da gehn die Hirten hin in Eil,
zu schaun mit Augen das ewig Heil;
zu singen dem süßen Gast Willkomm,
zu bringen ihm ein Lämmlein fromm. –
Bald kommen auch gezogen fern
die heilgen drei König' mit ihrem Stern.
Sie knien vor dem Kindlein hold,
schenken ihm Myrrhen, Weihrauch, Gold.
Vom Himmel hoch der Engel Heer
frohlocket: „Gott in der Höh sei Ehr!"

*Eduard Mörike*

# Die Zeit ist nah

Ein Gloria singend geht die Winternacht
durch Schneegefilde; keines Sternbilds Pracht
schaut aus den schwarzverhüllten Himmeln nieder, –
durch eisbereifte Fenster aber bricht
ins Straßendunkel eine Flut von Licht
und eine Woge kindhaft süßer Lieder.

In Bethlems Tälern nicht, – nicht weltenfern
und himmelhoch glänzt heut der Weihnacht Stern,
nach dessen Strahl die Brust sich sehnend weitet:
die Zeit ist nah, wo licht und hüllenlos,
wo neugeboren aus der Menschheit Schoß
die Liebe durch des Elends Nächte schreitet.

Die Zeit ist nah, wo jede Klage schweigt,
wo jedem Flehn ein menschlich Herz sich neigt,
Das Bruder heißt den Irrenden und Armen, –
wo sich der Keim aus brauner Scholle drängt
und Licht und Wärme als sein Recht empfängt
und nicht als Bettelgabe – aus Erbarmen!

Die Zeit ist nah: schon blüht ein bleiches Rot
im Osten auf, – schon zuckt in heißer Not

ein letztes Wehe durch der Menschheit Glieder;
sie ruft und ringt – der Dämmerung Schleier fällt:
erlösungsfreudig steigt zur dunklen Welt
das Himmelskind, die goldne Liebe, nieder.

*Clara Müller-Jahnke*

# Christbescherung

Der Christnacht heilig' Offenbaren,
Das einst an alles Volk erging,
Die Kunde, die durch Engelscharen
Zuerst das arme Volk empfing:

»Die Liebe ist zur Welt gekommen,
Um einen neuen Bund zu weihn,
Ein reines Licht ist hell entglommen
Ein Stern mit wunderreichem Schein!« –

Die Kunde klingt aufs Neue wieder
Zu uns in jeder Weihnachtszeit
Sie tönt durch alle Festeslieder
In jedem Gruß von nah und weit.

»Die Liebe soll die Welt regieren!«
Das ist die Losung allerwärts,
Die Lichter, die den Christbaum zieren
Wie strahlen sie in jedes Herz;

Und all die Gaben, lichtumschwommen,
Für Jung und Alt, für Groß und Klein:
Vom Himmel scheinen sie gekommen
In einer Wundernacht zu sein! –

Doch all das Wunder zu vollenden,
Viel Sorgen gab es Tag und Nacht.
Viel Mühen von geschäft'gen Händen,
Viel Opfer freudig dargebracht.

Die Liebe soll die Welt regieren,
Und Weihnacht zeigt, dass sie's vermag,
Doch höhres Ziel muss sie sich küren,
Als schaffen nur für einen Tag,

Der eine Tag soll allen lehren;
Solch Mühn und Opfern wohl uns ziert,
Die wir das Wort der Weihnacht ehren:
Dass Liebe nur die Welt regiert –

Auch Völkerwünsche sich erfüllen
Nicht durch das Wunder einer Nacht,
Drum mühe jeder sich im Stillen
Bis einst das Liebeswerk vollbracht;

Bis dass im ganzen Vaterlande
Der Freiheit Christbaum leuchtend glüht –
Solch Wunder kommt gewiss zu Stande
Wenn alles Volk darum sich müht.

*Louise Otto*

# Adventswarten

Es ist das ganze Leben
für den, der Jesus kennt,
ein stetes, stilles Warten
auf seligen Advent.

Er kommt, heißt unser Glaube,
er kommt, heißt unser Trost,
wir hoffen in der Stille
und wenn das Wetter tost.

Wir schauen auf im Kampfe,
wir seufzen oft im Dienst:
Ach, dass du kämst, Herr Jesu,
ach, dass du bald erschienst!

*Hedwig von Redern*

# Der Weihnachtsaufzug

Bald kommt die liebe Weihnachtszeit,
worauf die ganze Welt sich freut;
das Land, so weit man sehen kann,
sein Winterkleid hat angetan.
Schlaf überall; es hat die Nacht
die laute Welt zur Ruh gebracht –
kein Sternenlicht, kein grünes Reis,
der Himmel schwarz, die Erde weiß.

Da blinkt von fern ein heller Schein –
was mag das für ein Schimmer sein?
Weit übers Feld zieht es daher,
als ob's ein Kranz von Lichtern wär',
und näher rückt es hin zur Stadt,
obgleich verschneit ist jeder Pfad.

Ei seht, ei seht! Es kommt heran!
Oh, schauet doch den Aufzug an!
Zu Ross ein wunderlicher Mann
mit langem Bart und spitzem Hute,
in seinen Händen Sack und Rute.
Sein Gaul hat gar ein bunt Geschirr,
von Schellen dran ein blank Gewirr;
am Kopf des Gauls, statt Federzier,
ein Tannenbaum voll Lichter hier;

der Schnee erglänzt in ihrem Schein,
als wär's ein Meer von Edelstein. –

Wer aber hält den Tannenzweig?
Ein Knabe, schön und wonnereich;
's ist nicht ein Kind von unsrer Art,
hat Flügel an dem Rücken zart. –
Das kann fürwahr nichts andres sein,
als wie vom Himmel ein Engelein!
Nun sagt mir, Kinder, was bedeut't
ein solcher Zug in solcher Zeit? –

Was das bedeut't? Ei, seht doch an,
da frag ich grad beim Rechten an!
Ihr schelmischen Gesichterchen,
ich merk's ihr kennt die Lichterchen,
kennt schon den Mann mit spitzem Hute,
kennt auch den Baum, den Sack, die Rute.

Der alte bärt'ge Ruprecht hier,
er pocht' schon oft an eure Tür;
droht' mit der Rute bösen Buben;
warf Nüss' und Äpfel in die Stuben
für Kinder, die da gut gesinnt. –
Doch kennt ihr auch das Himmelskind?
Oft bracht' es ohne euer Wissen,
wenn ihr noch schlieft in weichen Kissen,

den Weihnachtsbaum zu euch ins Haus,
putzt' wunderherrlich ihn heraus;
Geschenke hing es bunt daran
und steckt' die vielen Lichter an;
flog himmelwärts und schaute wieder
von dort auf euren Jubel nieder.

O Weihnachtszeit, du schöne Zeit,
so überreich an Lust und Freud'!
Hör doch der Kinder Wünsche an
und komme bald, recht bald heran,
und schick uns doch, wir bitten sehr,
mit vollem Sack den Ruprecht her.
Wir fürchten seine Rute nicht,
wir taten allzeit unsre Pflicht.
Drum schick uns auch den Engel gleich
mit seinem Baum, an Gaben reich.
O Weihnachtszeit, du schöne Zeit,
worauf die ganze Welt sich freut!

*Robert Reinick*

# Weihnachtsfreude

Der Winter ist gekommen
Und hat hinweg genommen
Der Erde grünes Kleid.

Schnee liegt auf Blütenkeimen,
Kein Blatt ist an den Bäumen,
Erstarrt die Flüsse weit und breit.

Da schallen plötzlich Klänge
Und frohe Festgesänge
Hell durch die Winternacht.

In Hütten und Palästen
Ist rings in grünen Ästen
Ein bunter Frühling aufgewacht.

Wie gern doch seh ich glänzen
Mit all den reichen Kränzen
Den grünen Weihnachtsbaum;

Dazu der Kindlein Mienen,
Von Licht und Lust beschienen;
Wohl schön're Freude gibt es kaum!

*Robert Reinick*

# Die Nacht vor dem heiligen Abend

Die Nacht vor dem heiligen Abend
da liegen die Kinder im Traum.
Sie träumen von schönen Sachen
und von dem Weihnachtsbaum.

Und während sie schlafen und träumen
wird es am Himmel klar
und durch den Himmel fliegen
drei Englein wunderbar.

Sie tragen ein holdes Kindlein,
das ist der heilige Christ.
es ist so fromm und freundlich
wie keins auf Erden ist.

Und während es über die Dächer
still durch den Himmel fliegt,
schaut es in jedes Bettlein,
wo nur ein Kindlein liegt.

Und freut sich über alle,
die fromm und freundlich sind,
denn solche liebt von Herzen
das himmlische Kind.

Heut schlafen noch die Kinder
und sehen es nur im Traum,
doch morgen tanzen und springen sie
um den Weihnachtsbaum.

*Robert Reinick*

# Es treibt der Wind

Es treibt der Wind im Winterwalde
Die Flockenherde wie ein Hirt,
Und manche Tanne ahnt, wie balde
Sie fromm und lichterheilig wird.

Sie lauscht hinaus. Den weißen Wegen
Streckt sie die Zweige hin bereit
Und wehrt dem Wind und wächst entgegen
Der einen Nacht der Herrlichkeit.

*Rainer Maria Rilke*

# Es gibt so wunderweiße Nächte

Es gibt so wunderweiße Nächte,
Drin alle Dinge Silber sind.
Da schimmert manchen Stern so lind,
Als ob er fromme Hirten brächte
Zu einem neuem Jesuskind.

Weit wie mit dichtem Demantstaube
Bestreut, erscheinen Flur und Flut,
Und in die Herzen, traumgemut,
Steigt ein kapellenloser Glaube,
Der leise seine Wunder tut.

*Rainer Maria Rilke*

# Die hohen Tannen atmen

Die hohen Tannen atmen heiser
im Winterschnee, und bauschiger
schmiegt sich sein Glanz um alle Reiser.
Die weißen Wege werden leiser,
die trauten Stuben lauschiger.

Da singt die Uhr, die Kinder zittern:
Im grünen Ofen kracht ein Scheit
und stürzt in lichten Lohgewittern, –
und draußen wächst im Flockenflittern
der weiße Tag zur Ewigkeit.

*Rainer Maria Rilke*

# Vorfreude auf Weihnachten

Ein Kind – von einem Schiefertafel-Schwämmchen
Umhüpft – rennt froh durch mein Gemüt.

Bald ist es Weihnacht! – Wenn der Christbaum blüht,
Dann blüht er Flämmchen.
Und Flämmchen heizen. Und die Wärme stimmt
Uns mild. – Es werden Lieder, Düfte fächeln. –
Wer nicht mehr Flämmchen hat, wem nur noch Fünkchen
glimmt,
Wird dann doch gütig lächeln.

Wenn wir im Traume eines ewigen Traumes
Alle unfeindlich sind – einmal im Jahr! –
Uns alle Kinder fühlen eines Baumes.

Wie es sein soll, wie's allen einmal war.

*Joachim Ringelnatz*

# Weihnachten

Liebeläutend zieht durch Kerzenhelle,
Mild, wie Wälderduft, die Weihnachtszeit,
Und ein schlichtes Glück streut auf die Schwelle
Schöne Blumen der Vergangenheit.

Hand schmiegt sich an Hand im engen Kreise,
Und das alte Lied von Gott und Christ
Bebt durch Seelen und verkündet leise,
Dass die kleinste Welt die größte ist.

*Joachim Ringelnatz*

# Weihnachten

Weißer Flöckchen Schwebefall,
Stille Klarheit überall,
Glockenklang und Schellenklingen,
Mäulchen, die vom Christkind singen,
Flammen, die von grünen Zweigen
Gläubig, strahlend aufwärts steigen,
Und im tiefsten Herzen drinnen
Ein Erinnern, ein Besinnen ...

Neige dich, mein Herz, und bete,
Dass das Christkind zu dir trete,
Auch in deiner Schwachheit Gründen
Eine Flamme zu entzünden,
Die das Ringen Deiner Tage
Gläubig strahlend aufwärts trage.

*Anna Ritter*

# Denkt euch ...

Denkt euch, ich habe das Christkind gesehen!
Es kam aus dem Walde, das Mützchen voll Schnee,
Mit rotgefrorenem Näschen.

Die kleinen Hände taten ihm weh,
Denn es trug einen Sack, der war gar schwer,
Schleppte und polterte hinter ihm her.
Was drin war, möchtet ihr wissen?
Ihr Naseweise, ihr Schelmenpack –
Denkt ihr, er wäre offen, der Sack?

Zugebunden bis oben hin!
Doch war gewiss was Schönes drin!
Es roch so nach Äpfeln und Nüssen!

*Anna Ritter*

# Neuer Advent

Komm wieder aus der Jungfrau Schoß,
O Kind aus Himmelshausen!
Es sehnt sich alles, klein und groß,
Ins Antlitz dir zu schauen.
Es schmachtet deinem Segen
Die Erde, Herr, entgegen.

Wie damals in der Römerzeit
Die Menschheit lag gebunden,
Des Paradieses Herrlichkeit
Von hinnen war geschwunden,
Als du, sie zu entsühnen,
Auf Erden warst erschienen.

So liegt sie nun, gebeugt, gedrückt,
In namenlosen Wehen;
Dein Licht, o Herr, ist ihr entrückt,
Ihr Licht scheint auszugehen;
Wollst wieder sie erlösen
Von der Gewalt des Bösen.

Dich rufen Leid und Klageton,
Dir weint ein Meer von Tränen
Und leise Seufzer kaum entflohn
Bescheidnem bangem Sehnen,

Zum Retten, zum Befreien
Das Alte zu erneuen.

O Menschensohn, voll Lieb' und Macht,
O ew'ges höchstes Leben,
Hast oft schon Funken angefacht
Und Sterbekraft gegeben!
O Himmelsgast, steig wieder
Zum Tränentale nieder.

Wir haben oft auf unsrer Bahn
Wie Simeon gebetet;
Wir blicken alle himmelan,
Ob sich der Osten rötet,
Komm denn im alten Liede
Auf Erden Freud' und Friede!

*Max von Schenkendorf*

# Weihnachtslied

Brich an du schönes Morgenlicht!
Das ist der alte Morgen nicht,
Der täglich wiederkehret.
Es ist ein Leuchten aus der Fern',
Es ist ein Schimmer, ist ein Stern,
Von dem ich längst gehöret.

Nun wird ein König aller Welt,
Von Ewigkeit zum Heil bestellt,
Ein zartes Kind geboren.
Der Teufel hat sein altes Recht
Am ganzen menschlichen Geschlecht
Verspielt schon und verloren.

Der Himmel ist jetzt nimmer weit,
Es naht die sel'ge Gotteszeit,
Der Freiheit und der Liebe.
Wohlauf, du frohe Christenheit!
Dass Jeder sich nach langem Streit
In Friedenswerken übe.

Ein ewig festes Liebesband
Hält jedes Haus und jedes Land
Und alle Welt umfangen,
Wir alle sind ein heil'ger Stamm,

Der Löwe spielet mit dem Lamm,
Das Kind am Nest der Schlangen.

Wer ist noch, welcher sorgt und sinnt?
Hier in der Krippe liegt ein Kind
Mit lächelnder Gebärde.
Wir grüßen dich du Sternenheld!
Willkommen Heiland aller Welt!
Willkommen auf der Erde!

*Max von Schenkendorf*

# Im Winter

Die Tage sind so dunkel,
Die Nächte lang und kalt;
Doch übet Sternenfunkel
Noch über uns Gewalt.

Und sehen wir es scheinen
Aus weiter, weiter Fern',
So denken wir, die Seinen,
Der Zukunft unsres Herrn.

Er war einmal erschienen
In ferner sel'ger Zeit,
Da waren, ihm zu dienen,
Die Weisen gleich bereit.

Der Lenz ist fortgezogen,
Der Sommer ist entflohn:
Doch fließen warme Wogen,
Doch klingt ein Liebeston.

Es rinnt aus Jesu Herzen,
Es spricht aus Jesu Mund,
Ein Quell der Lust und Schmerzen,
Wie damals, noch zur Stund'.

Wir wollen nach dir blicken,
O Licht, das ewig brennt,
Wir wollen uns beschicken
Zum seligen Advent!

*Max von Schenkendorf*

# An der Krippe

Kleiner Knabe, großer Gott,
schönste Blume, weiß und rot,
von Maria neugeboren,
unter tausend auserkoren,
allerliebstes Jesulein,
lasse mich dein Diener sein!

Nimm mich an, geliebtes Kind,
und befiel mir nur geschwind,
rege deine süßen Lippen,
rufe mich zu deiner Krippen:
tu mir durch deinen holden Mund
deinen liebsten Willen kund.

Ich verlasse nun die Welt
Und was mir an ihr gefällt.
Dir alleine will ich leben,
Dir mich gründlich untergeben.
Du alleine, Jesulein,
Sollst mein Herr und Obrer sein.

Dir soll meine Seel' allzeit
samt den Kräften sein bereit,
und mein Leib mit allen Sinnen
soll nichts ohne dich beginnen;

mein Gemüte soll an dich
denken jetzt und ewiglich.

Nimm mich an, o Jesu mein,
denn ich wünsche dein zu sein!
Dein verbleib' ich, weil ich lebe,
dein, wenn ich den Geist aufgebe.
Wer dir dient, du starker Held,
der beherrscht die ganze Welt.

*Angelus Silesius (Johannes Scheffler)*

# Weihnachtabend

Die fremde Stadt durchschritt ich sorgenvoll,
Der Kinder denkend, die ich ließ zu Haus.
Weihnachten war's; durch alle Gassen scholl
Der Kinderjubel und des Markts Gebraus.

Und wie der Menschenstrom mich fortgespült,
Drang mir ein heiser Stimmlein in das Ohr:
»Kauft, lieber Herr!« Ein magres Händchen hielt
Feilbietend mir ein ärmlich Spielzeug vor.

Ich schrak empor, und beim Laternenschein
Sah ich ein bleiches Kinderangesicht;
Wes Alters und Geschlechts es mochte sein,
Erkannt ich im Vorübertreiben nicht.

Nur von dem Treppenstein, darauf es saß,
Noch immer hört ich, mühsam, wie es schien:
»Kauft, lieber Herr!« den Ruf ohn Unterlass;
Doch hat wohl keiner ihm Gehör verliehn.

Und ich? – War's Ungeschick, war es die Scham,
Am Weg zu handeln mit dem Bettelkind?
Eh meine Hand zu meiner Börse kam,
Verscholl das Stimmlein hinter mir im Wind.

Doch als ich endlich war mit mir allein,
Erfasste mich die Angst im Herzen so,
Als säß mein eigen Kind auf jenem Stein
Und schrie nach Brot, indessen ich entfloh.

*Theodor Storm*

# Knecht Ruprecht

Von drauß' vom Walde komm ich her;
Ich muss euch sagen, es weihnachtet sehr!
Allüberall auf den Tannenspitzen
Sah ich goldene Lichtlein sitzen;
Und droben aus dem Himmelstor
Sah mit großen Augen das Christkind hervor,
Und wie ich so strolcht durch den finstern Tann,
Da rief's mich mit heller Stimme an.

»Knecht Ruprecht«, rief es, »alter Gesell,
Hebe die Beine und spute dich schnell!
Die Kerzen fangen zu brennen an,
Das Himmelstor ist aufgetan,
Alt' und Junge sollen nun
Von der Jagd des Lebens einmal ruhn;
Und morgen flieg ich hinab zur Erden,
Denn es soll wieder Weihnachten werden!«

Ich sprach: »O lieber Herre Christ,
Meine Reise fast zu Ende ist;
Ich soll nur noch in diese Stadt,
Wo's eitel gute Kinder hat.«
– »Hast denn das Säcklein auch bei dir?«
Ich sprach: »Das Säcklein, das ist hier;

Denn Äpfel, Nuss und Mandelkern
Essen fromme Kinder gern.«

– »Hast denn die Rute auch bei dir?«
Ich sprach: »Die Rute, die ist hier;
Doch für die Kinder nur, die schlechten,
Die trifft sie auf den Teil, den rechten.«
Christkindlein sprach: »So ist es recht;
So geh mit Gott, mein treuer Knecht!«
Von drauß' vom Walde komm ich her;
Ich muss euch sagen, es weihnachtet sehr!

Nun sprecht, wie ich's hierinnen find!
Sind's gute Kind, sind's böse Kind?

*Theodor Storm*

# Weihnachtslied

Vom Himmel in die tiefsten Klüfte
Ein milder Stern herniederlacht.
Vom Tannenwalde steigen Düfte
Und hauchen durch die Winterlüfte,
Und kerzenhelle wird die Nacht.

Mir ist das Herz so froh erschrocken,
Das ist die liebe Weihnachtszeit!
Ich höre fernher Kirchenglocken
Mich lieblich heimatlich verlocken
In märchenstille Herrlichkeit.

Ein frommer Zauber hält mich wieder,
Anbetend, staunend muss ich stehn;
Es sinkt auf meine Augenlider
Ein goldner Kindertraum hernieder,
Ich fühl's, ein Wunder ist gescheh'n.


*Theodor Storm*

# Es kommt ein Schiff

Es kommt ein Schiff, geladen
bis an den höchsten Bord.
trägt Gottes Sohn voll Gnaden,
des Vaters ewig's Wort.

Das Schiff geht still im Triebe,
trägt eine teure Last;
das Segel ist die Liebe,
der Heilige Geist der Mast.

Der Anker haft' auf Erden,
da ist das Schiff an Land.
Das Wort soll Fleisch uns werden,
der Sohn ist uns gesandt.

Zu Bethlehem geboren
im Stall ein Kindelein,
gibt sich für uns verloren;
gelobet muss es sein.

Und wer dies Kind mit Freuden
umfangen, küssen will,
muss vorher mit ihm leiden
groß Pein und Marter viel.

Danach mit ihm auch sterben
und geistlich aufersteh'n,
das Leben zu ererben,
wie an ihm ist geschehn.

*Johannes Tauler*

# O selige Nacht

O selige Nacht! In himmlischer Pracht
erscheint auf der Weide ein Bote der Freude
den Hirten, die nächtlich die Herde bewacht.

Wie tröstlich er spricht: O fürchtet euch nicht!
Ihr waret verloren, heut ist euch geboren
der Heiland, der allen das Leben verspricht.

Seht Bethlehem dort, den glücklichen Ort!
Da werdet ihr finden, was wir euch verkünden,
das sehnlich erwartete göttliche Wort.

*Christoph Bernhard Verspoel*

# Macht hoch die Tür

Macht hoch die Tür, die Tore weit!
Es kommt der Herr der Herrlichkeit,
ein König aller Königreich',
ein Heiland aller Welt zugleich,
der Heil und Leben mit sich bringt;
derhalben jauchzt mit Freuden singt:
Gelobet sei mein Gott, mein Schöpfer reich von Rat.


*Georg Weissel*

# Buchempfehlungen

Paul Schulte-Herrmann (Hrsg.)
*Ihre Lieblingsjahreszeit in der Lyrik*

Frühlingsgedichte
Sommergedichte
Herbstgedichte
Wintergedichte

*Außerdem:*
Weihnachtsgedichte
Naturgedichte